Ein sogenannter Rechtsanwalt wird zur Kack-Phantom-Gestalt

Hubertus Scheurer

Ein sogenannter Rechtsanwalt wird zur Kack-Phantom-Gestalt

Hubertus Scheurer

Bibliografische Information der Deutschen Nationalbibliothek:
Die Deutsche Nationalbibliothek verzeichnet diese Publikation
in der Deutschen Nationalbibliografie; detaillierte bibliografische
Daten sind im Internet über http://dnb.dnb.de abrufbar.

© 2016 Hubertus Scheurer
Satz, Umschlaggestaltung, Herstellung und Verlag:
BoD - Books on Demand

ISBN 978-3-7392-6393-9

Inhalt

Betreff: Lyrikcocktail	7
Der stinkende Schulz	8
Brief: Georg Schulz	9
Eine Kack-Kartusche	10
Schulz der Paragraphenreiter	11
Schulz mit Nachttopf	12
Der Nachttopfhut	13
Tötet mich!	14
Wirkung des Cocktails	15
König Alfreds Advokaten	16
König Alfreds Winkeladvokaten	18
König Alfreds Rechtsverdrehungsakrobaten	19
Des Advokaten Geistesblitz	20
Der hochgelehrte Advokat	22
Der neugierige Advokat	23
Lästig wie das Ungeziefer	24
Schnurz und die Wahrheit	25
Advokaten und große Dichter	26
Welche Häme!	27
Unbelehrbar	28
Feldzug für das Recht	29
Der belehrende Schnurz	30
Hätte Schnurz geschwiegen	31
Schnurz ist auf den Kopf gefallen	32

Schnurz will meinen Sack	33
Recht und Wahrheit	34
Die Geistesgröße	35
Vom Schnurz zum Furz	37
Furz schließt kurz	38
Das verfurzte Recht	39
Furz sieht kurz	40
Furz im Vermeintlichen	41
Brief: Hoge Rollinger Schulz	42
Hier werden Sie geholfen	43
K. & F.	44
Vermeintliches Unrecht	45
Pillen gegen freien Willen	46
Der große Sack	47
Die armen Schweine	48
F. und Ziemlich	50
Der blockierte Advokat	51
Eugen Erwache !	52
König Eugen und der heilige Geist	53
Erweckungslied für Eugen	54
Freitod für Eugen Block und Georg Schulz	55
Das Kack-Phantom	56

<u>Betreff: Lyrikcocktail</u>

Im Lyrikcocktail die Gedanken
Entfleuchten einem Hirn, dem kranken,
Doch besser Krankheit im Gehirne
Als wie bei Schulz die faule Birne.

Ein krankes Hirn läßt sich zuweilen,
Mit etwas Glück, vollständig heilen,
Bei faulen Birnen wird dagegen
Sich kaum ein Hoffnungsschimmer regen.

Ein Lyrikcocktail der Gedanken
EURO 3,50
ISBN 978-3-7392-5926-0

Der stinkende Schulz

Schulz, der kennt nur eine Dichtung,
Die im eignen Hinterteil,
Und die ist nach seiner Sichtung
Schon seit langem nicht mehr heil.

Doch ihm macht das nicht zu schaffen,
Nein, es ist ihm sogar Recht,
Da ihm fehl'n die geistgen Waffen,
Bekommt dies dem Gegner schlecht.

Der ist des Geruches wegen,
Denn dem hält kaum einer stand,
Meistens ganz schnell unterlegen,
Ist froh, wenn er dem entschwand.

RA Schulz · Böttgerstraße 1 A · 20148 Hamburg

Herrn
H. Scheurer
Brehmweg 35

22527 Hamburg

GEORG SCHULZ
Rechtsanwalt

Georg Schulz
Böttgerstraße 1 A
20148 Hamburg
Tel. 040/530 25 07 - 20
Fax 040/530 25 07 - 30
info@Rechtsanwalt-Schulz.net

bei Antwort und Zahlung bitte angeben:

Scheurer s-pi

25.08.15

Ihr Schreiben vom 20. Juli 2015 und was Sie im Anhang als „Gedichte"
bezeichnen

Hallo Herr Scheurer,

warum Sie bei diesem Unrechtstaat, wie Sie sich ja vor vielen Jahren im Verfahren beim Landgericht über die Beurteilung der Rechtsordnung durch die Pressekammer ausgelassen haben, den Titel als Rechtsbeistand für sich auf Ihren Briefbogen schreiben, erscheint wenig verständlich; oder gibt es Menschen, denen Sie i. S. dieses Begriffs Beistand leisten?

Wann hat denn der intellektuelle und organische Zersetzungsprozess in Ihrem Gehirn angefangen, sicherlich doch nicht vor Erwerb der Bezeichnung als Rechtsbeistand?

Warum nehmen Sie sich bloß weiterhin so ernst, dass Sie auf solche „Verse" (?) offenbar nicht verzichten können?

Wenn Sie schon nicht zum Therapeuten gehen, um sich helfen zu lassen, dann bleibt Ihnen ja noch die Möglichkeit, sich lautlos und ohne jede Theatralik, die Sie persönlich auch in solchen „Versen" zum Ausdruck bringen, einfach das Leben zu nehmen.
Das wäre jedenfalls ein Zeichen angemessener Selbstkritikfähigkeit, Sie tragisches Würstchen.

Mit freundlichen Grüßen

Georg Schulz

Commerzbank Hamburg · BLZ 200 400 00 · Kto.-Nr. 3882420 00
IBAN DE37 2004 0000 0388 2420 00 · BIC COBADEFFXXX
St.-Nr. 42/223/01462

Eine Kack-Kartusche

Georg Schulz, die alte Lusche,
Auch bekannt als Kack-Kartusche,
Sollte wie bei einem Wagen
Ein Warnlicht am Hintern tragen.

Wenn der Schulz fängt an zu stinken,
Müßte diese Leuchte blinken,
Damit der Betroffne dann
Noch in Deckung gehen kann.

Das wär Rechtsschutz vor dem Stinker
Durch den eingebauten Blinker,
Schutz vorm Dampf der Kack-Kartusche,
Dieser rechtsverlognen Lusche.

Schulz der Paragraphenreiter

Was gereimte Verse sind,
Lernt man meistens schon als Kind;
Georg Schulz hat das verschlafen,
Und er kennt nur Paragraphen.

Deshalb, das hat er erkannt,
Braucht er selbst keinen Verstand;
So wurd er zum üblen Streiter
Als ein Paragraphenreiter.

Schulz mit Nachttopf

Georg Schulz, mit kargem Kopf,
Bekommt von mir einen Topf,
Einen Nachttopf, echt aus Meißen,
Darauf kann er dann klugscheißen.

Zugleich offenbart er so
Auch sein geistiges Niveau,
Und der Nachttopf steht ihm gut
Dann am Tag als Doktorhut.

Der Nachttopfhut

Der Rechtskondom mit dem Nachttopf
Als Doktorhut auf seinem Kopf,
Wurd für Schulz zum Markenzeichen,
Zum Markenzeichen ohnegleichen.

Und Hamburg ist die einzge Stadt,
Die einen Nachttopfträger hat,
Wo, vereint mit König Eugen,
Es ihm leicht fällt Recht zu beugen.

Schulz, mit seinem Nachttopfhut,
Tut dem alten Eugen gut,
So hat Eugen nach dem Essen
Auch mal auf dem Topf gesessen.

Tötet mich!

Schulz, der Eugen Block vertritt,
Teilte mir jetzt schriftlich mit:
„Nehmen Sie sich doch das Leben,
Diesen Rat, den kann ich geben."

Ich verstehe seinen Groll,
Er erfüllte nicht sein Soll,
Doch ich werd ihm und dem frommen
Eugen nicht entgegenkommen.

Was ich ihnen raten kann,
Es heißt doch, selbst ist der Mann,
Also, um es kurz zu fassen,
Sie müssen mich töten lassen,

Oder, das wär sehr verwegen,
Selber einmal Hand anlegen,
Danach, das wär angemessen,
Könnten sie das Würstchen essen.

Und was habe ich erreicht?
Nun, die Antwort sie fällt leicht:
Ich setzte damit ein Zeichen,
Diese Herrn gehn über Leichen.

Wirkung des Cocktails

Mein Lyrikcocktail der Gedanken
Brachte Eugen Block ins Wanken,
Der wird dessen Staralüren
Sichtbar ad absurdum führen.

Mög dem Schulz der Eugen danken,
Dem er setzte keine Schranken,
Wenn sich jetzt die Zweifel mehren,
Daß er sei ein Mann von Ehren.

Schluß mit seinem heilgen Scheine,
Lügen haben kurze Beine,
Mit dem Rechtskondom im Bunde
Macht ihr Treiben nun die Runde.

König Alfreds Advokaten

König Alfreds Rechtsvertreter
Zeichnet aus ein Intellekt,
Den man früher oder später,
Wohl ganz selten noch entdeckt.

Seinen Gast, den Unbequemen,
Dachten Sie, den kriegt man klein,
Muß ihn nur so recht beschämen,
Folgendes fiel ihnen ein:

Schmutzhandtücher einverleiben,
Würd sich täglich dieser Gast,
Um sich damit abzureiben,
Daran schnüffeln, wenn's ihm paßt.

Appetitlich muß ich sagen,
Wär dies ja nun wirklich nicht,
Da im Schriftsatz vorgetragen,
Klärt dies besser das Gericht.

Hier nun können wir erleben,
Wie die Advokaten dreist,
Richtern ihre Weisung geben,
Wahrlich wundervoll im Geist.

Sollt als Lüge sich erweisen,
Was man so schön ausgedacht,
Wär es trotzdem ein Entgleisen,
Wenn der Gast jetzt Stimmung macht.

Denn das könnt dem König schaden,
Seinem renommierten Haus,
Auch sein guter Ruf ging baden,
Und die Gäste blieben aus.

Ja, das Schnüffeln recht betrachtet,
Tut doch jeder liebe Hund,
König Alfred wird geachtet,
Kritisches wär ungesund.

Öffentlich die Wahrheit künden,
Ist zu ahnden mit Verbot,
Keiner weiß, wo wir sonst stünden,
Käm die Wirtschaft aus dem Lot.

Wird der König sich verheben?
Siegt das Recht in diesem Fall,
Könnt man ihm den Titel geben:
Majestät vom Schweinestall.

König Alfreds Winkeladvokaten

König Alfreds Advokaten
Aus dem Winkelmaß geraten,
Drohten mir mit weitren Klagen,
Wider ungutes Betragen.

Schrieben mir, ich sei kein Herr,
Dies gefiel mir, bitte sehr,
Denn ein Herr zu sein wie sie
Danach trachtete ich nie.

Sagten auch, ist nicht ganz dicht er,
Freuen sich bestimmt die Richter,
Da mit einem, der fast Dichter,
Wächst der Fall schon vom
Gewicht her.

Außerdem wär ich 'ne Wurst,
Tranken einen über'n Durst
Sie, die sonst doch so bescheiden,
Sollten Wurstigkeiten meiden.

Eine Wurst, nur eine kleine,
Hoffentlich die extra feine,
Dafür wirft der König weg
Selbst sein Leibgericht, oh
Schreck!

Geht zurück in Eure Winkel,
Advokaten, feine Pinkel,
Denn von Winkeladvokaten
Läßt sich Alfred gern beraten.

König Alfreds Rechtsverdrehungsakrobaten

Denk ich an den Rechtsgelehrten,
Meinen Freund, den sehr verehrten,
Was gäb er mir zu verstehn,
Würd er Alfreds Schriftsatz sehn?

Seinem Rat konnt man vertrauen,
Half den Rechtsstaat zu erbauen;
Er hat unser Recht geprägt,
Einen Grundstein hier gelegt.

Doch wir sahen auch die Schranken,
Selbst die besten Rechtsgedanken
Wirken nur dann sinnvoll mit,
Wenn man lauter sie vertritt.

Geht's nur darum zu obsiegen,
Auch zum Preis, Recht zu verbiegen,
Wird das Recht zur hohlen Nuß
Und den Bürgern zum Verdruß.

König Alfreds Advokaten,
Rechtsverdrehungsakrobaten,
Nahmen in den Schriftsatz auf,
Unwahrheiten gleich zuhauf.

Würd mein Rechtsprofessor raten:
Laß Dich nicht durch sie verbraten;
Wenn das erst mal Schule macht,
Heißt es Rechtsstaat gute Nacht.

Des Advokaten Geistesblitz

Wie es scheint, es ist kein Witz,
Hat des Anwalts Geistesblitz,
Bei der Zündung im Verstand,
Gleich ein wenig Hirn verbrannt;

Mit der Folge, daß er dann
Nicht korrekt schlußfolgern kann;
Wie das läuft, das zeigen wir
Gleich an einem Beispiel hier:

In des König Alfreds Haus
Ging ein Gast jahrein, jahraus,
Und so machte dies auch Sinn,
Eigentlich recht gerne hin;

Bis man trieb ein böses Spiel
Der Verleumdung mit dem Ziel,
Ihn zu kränken, zu entehrn,
Dacht er würde sich nicht wehrn.

Doch genau das Gegenteil,
Hatte man erreicht derweil,
So, daß man den Advokat
Nun um seine Hilfe bat.

Nach dem bla-bla-bla-Erguß
Kam er dann zu diesem Schluß:
Ja, der Gast wär nicht ganz echt,
Weil er sich verbittert rächt.

Der Beweis ist einfach, klar,
Weil der Gast doch Jahr für Jahr
Eine Leistung dort bekam
Und sie auch in Anspruch nahm.

Könnt er das nicht recht verstehn,
Sollt' er zu Frau Feldbusch gehn;
Die sei nett und auch bereit,
Gern zu helfen jederzeit.

Meine Güte, welch Niveau,
So ein Anwalt macht mich froh,
Sag nur, daß Juristerei
So gesehn nicht spaßig sei.

»Diese aus rein verzerrender Betroffenheitsverarbeitung aufgestellte Behauptung, er (König Alfred) veranlasse die Verleumdung und Degradierung von Gästen, ist eine unerhörte Verleumdung.«

Der hochgelehrte Advokat

König Alfreds Advokat,
Wie gesagt, der hat Format;
Frag ich, wer ihm folgen kann,
Diesem hochgelehrten Mann?

Schrieb er ziemlich allgemein,
Ich verzerrte, gleichwohl rein,
Aus Verarbeitung der Pein
In Betroffenheit zu sein.

So bekommt die Sache Stil,
Zeigt der Advokat Profil,
Und ich find es dankenswert,
Daß nicht unrein wurd verzerrt.

Was mich doch ein wenig stört,
Ist, daß er sich dann empört;
Wo's um die Verleumdung geht,
Einfach Tatsachen verdreht.

Meint, man müßte obendrein
Deshalb noch beleidigt sein;
Dies in einen Satz gelegt,
Hat mich wirklich sehr bewegt.

Der neugierige Advokat

König Alfreds Advokat,
Zirkusreif im Rechtsspagat,
Von der Neugier arg geplagt,
Hat er bei mir angefragt:

Wer ist eigentlich der Scheurer?
Nicht so leicht gesagt, mein Teurer;
Vielleicht hilft hier aber schon,
Negative Abstraktion.

Wer ist Scheurer also nicht?
Jemand dem's an Mut gebricht,
Wenn ein König Recht verlacht,
Und es ihm dann streitig macht.

Jemand, der in Angst gerät,
Wenn ein Anwalt Recht verdreht,
Schafft mit seinem Rechtsspagat
Richterlichen Rechtssalat.

Jemand, den man beugen kann,
Wie des Königs Hampelmann;
Ja, ich glaub, dies gibt schon Sinn,
Für die Antwort, wer ich bin.

Lästig wie das Ungeziefer

In dem Kampf um meine Ehre,
Mit dem renommierten Haus,
So als ob ich gar nichts wäre,
Führt des Königs Anwalt aus:

Ihre Schreiben, darf ich sagen,
Die dem König Sie verehrt,
Haben, er kann das ertragen,
Nur von Lästigkeit den Wert.

Das ist so wie Ungeziefer,
Wird aus Lästigkeit zerdrückt,

Fühlt mich, solche Geister rief er,
In die dunkle Zeit gerückt.

Wurden Menschen da entrechtet,
Die man aus dem Land vertrieb,
Durch den Staatsbefehl geächtet,
Traf sie grausam Hieb auf Hieb.

Sollte man vielleicht verstehen,
Daß ich dies nicht dulden kann,
Wird auch weiter, was geschehen,
Mich bewegen dann und wann.

Schnurz und die Wahrheit

Anwalt Schnurz steht's ins Gesicht,
Wahrheit interessiert ihn nicht;
Was er will, ist Recht bekommen
Für Alfred, den ach so Frommen.

Rechtes Handeln, oh wie dumm,
Anwalt Schnurz er lacht sich krumm,
Mit der Unwahrheit gewinnen,
Dahin geht sein Trachten, Sinnen.

Und die Lüge, wenn sie nützt,
Seinen König Alfred schützt,
Warum sich deshalb erregen,
Bringt ihm und dem König Segen.

Wenn die Lüge böse ist,
Sagt Schnurz, sie wär eine List,
Und sein König ohnegleichen,
Schätzt nur einen listenreichen

Advokaten wie den Schnurz,
Der zusammenfaßt ganz kurz:
Lügen und das Recht verbiegen,
Zählt nicht, sondern nur obsiegen.

Advokaten und große Dichter

Als ich suchte nach den Worten
Für den König nebst Konsorten,
Griff zurück ich auf Gedichte
Längst vergangener Geschichte.

Hab zwei Zeilen dort gefunden
Die ich gleich mit eingebunden
In das eigne Versgestalten
Und die Regel eingehalten,

Meine Quelle zu benennen,
Die Gebildete wohl kennen;
Unsren Dichter Heinrich Heine;
Hier nun aber warn es seine

»Nachtgedanken«, die uns zeigen,
Welche Größe ihm zu eigen;
Doch des Königs Advokaten
Fingen fleißig an zu raten;

Heine, was ist das für einer?
Nein, den kannte wirklich keiner;
So sind sie es auch gewesen,
Die empfahln, ich sollte lesen,

Erst einmal die großen Dichter,
Könnt den König und die Richter,
Dann mit Versen wohl bedenken,
Die auch ihnen Freude schenken.

Welche Häme!

Schnurz ist wieder aufgewacht
Als es fürchterlich gekracht,
Und der König, ganz der Alte,
Auf den Tisch mein Buch ihm knallte;

Dann aus voller Kehle schrie:
Schnurz, Sie Hammel, schlafen Sie?
Ich hab grad dies Buch gelesen,
Das ist noch nie dagewesen;

Schreiben Sie an das Gericht,
Solche Bücher duld ich nicht;

Wenn man frei wär hier von Zwängen,
Müßte man den Schreiber hängen.

Jedenfalls verlange ich,
Strafe man nicht zimperlich!
Damit wolln wir allen zeigen,
Daß es besser ist zu schweigen.

Und nun schaun Sie diesen Brief!
Schnurz war außer sich und rief:
Oh mein König, welche Häme,
Daß der Schreiber sich nicht schäme;

Er sagt Ihnen auch noch Dank,
Ist der Kerl im Kopf denn krank,
Weil Sie ihn bei seinen »Werken«
Inspirieren und bestärken.

Dazu sag ich nur so viel,
Ich beende dieses Spiel,
Werd ihn in der Luft zerreißen,
Sonst will ich nicht Schnurz mehr heißen!

Unbelehrbar

Unbelehrbar, welche Ehre!
Denn wenn ich belehrbar wäre,
Um dem Unrecht mich zu fügen,
Würde ich mich selbst betrügen.

So kam in den deutschen Landen
Einstmals schon der Mut abhanden,
Und das Volk, belehrt zur Wende,
War zum Schluß total am Ende.

Jene aber, die sich wehrten,
Sind noch heute die geehrten,
Setzten ein sogar ihr Leben,
Um dem Land die Ehr zu geben.

Deshalb sei gewarnt vor Lehren,
Die den Menschen solln bekehren
Mit dem Ziel, den Geist zu lähmen,
Seine Würde ihm zu nehmen.

Feldzug für das Recht

König Alfreds Advokat
Hat ein schönes Wort parat:
Ich würd, dies glaubt er zu spüren,
Einen »Rachefeldzug« führen,

Gegen Alfred und sein Haus,
Nun erhofft er sich Applaus
Von den Hamburger Gerichten,
Die den Rächer solln vernichten.

Das wär der gewünschte Clou,
Und was sagen wir dazu?
Nun Herr Advokat, die Rache
Ist weiß Gott nicht meine Sache,

Doch den Feldzug für das Recht
Find ich ganz und gar nicht schlecht,
Und den Herren Rechtsgenossen,
Die es beugen unverdrossen,

Mache ich schon gerne Dampf,
Drücke mich nicht vor dem Kampf;
Sie wolln weiter Recht verbiegen,
Ich sag: Recht soll wieder siegen!

Der belehrende Schnurz

Anwalt Schnurz hat mich belehrt,
Daß mein Treiben wär verkehrt;
Jeden Mensch sollt es beglücken,
Vor dem König sich zu bücken.

Doch ich hab mich nicht gebückt,
Deshalb wäre ich verrückt,
Schnurz, er konnte das nicht fassen,
Wollt entmündigen mich lassen,

Und beschwor dann das Gericht,
Dieser Mensch ist nicht ganz dicht;
Sprach: Er mag sich noch so wehren,
Ich werd ihn ganz schnell bekehren.

Nun hat Schnurz es wirklich schwer,
Weil ich unbelehrbar wär,
Muß für meine Machenschaften,
Er womöglich auch noch haften,

Denn der König ist vergrätzt,
Und ich würd zu guter Letzt
Mit den vorgelegten Werken
In der Meinung ihn bestärken,

Daß der Schnurz hätt voll versagt,
Dieser Vorwurf aber nagt,
Jetzt sucht Schnurz nach neuen Wegen,
Um mich auf das Kreuz zu legen.

Hätte Schnurz geschwiegen

Schnurz, er ist kein Philosoph,
Denn sonst hätte er geschwiegen,
Eher wohl ein bißchen doof,
Würde einen Kropf noch kriegen,

Müßt er halten seinen Mund,
Und das würd ihm besser stehen,
Hätte wirklich allen Grund,
Sich nicht weiter aufzublähen.

Ja, was will der Schnurz denn bloß?
Er hat sich so aufgerieben,
Meint, es wäre ein Verstoß,
Daß zwei Bücher ich geschrieben;

Ein Verstoß, vom Ausmaß her,
Einfach nicht zu überbieten,
Da irrt Schnurz schon wieder sehr,
Ich las weiter die Leviten,

Nunmehr in dem dritten Band,
Ihm und seinen feinen Herren
Und, wenn er die Mittel fand,
Um mich demnächst einzusperren,

Spreng ich dann auch dieses Maß;
Ich bin sicher, man wird sehen,
Schon recht bald wird dann der Spaß
Auch dem guten Schnurz vergehen.

Schnurz ist auf den Kopf gefallen

Morgens früh in der Kanzlei,
Schnurz saß auf dem faulen Ei,
Das vom Königshof man brachte,
Auszubrüten er gedachte.

Da schlug ein der Geistesblitz,
Hob Schnurz hoch von seinem Sitz,
Und mit einem lauten Knallen
Ist er auf den Kopf gefallen.

Seitdem ist es schlecht bestellt
Um das Recht in Schnurzens Welt,
Denn es kann sich nicht entfalten,
Weil im Geiste er gespalten.

Recht erfordert einen Geist,
Der sich aus der Wahrheit speist,
Kam endgültig Schnurz abhanden
Als beim Fall die Sinne schwanden.

Zög der Schnurz sich ganz zurück,
Wär das unser aller Glück,
Doch der Schnurz wird das nicht schnallen,
Ist doch auf den Kopf gefallen.

Schnurz will meinen Sack

Schnurz will sich im Geldsack-
denken
Nicht auf weniges beschränken,
Er kam jetzt auf den Geschmack,
Will mir wieder an den Sack.

Einmal hat man ihn gelassen,
Er durft in den Sack mir fassen,
Doch das ist ihm nicht genug,
Nun plant er den nächsten Zug.

Schnurz, er würde sich nicht schä-
men,
Mir den ganzen Sack zu nehmen,

Und so schrieb der Bösewicht
Dementsprechend ans Gericht:

Diesen Schuldner muß man
schröpfen,
Ich bitt Sie, voll auszuschöpfen,
Auch die letzte Möglichkeit,
Denn dann hab ich ihn soweit,

Daß dem König er zum Segen
Kann kein weiteres Buch verlegen;
Wenn Sie also sind auf Zack,
Nehmen wir den ganzen Sack!

Recht und Wahrheit

Schnurz, er zeigte stets aufs Neue,
Da kann er verschlagen sein,
Es ist nichts mit seiner Schläue,
Stellte selber sich ein Bein.

Sagte, daß es ihn erfreue,
Wenn ich schick ihm ein Gedicht,
Ich warf Perlen vor die Säue,
Denn der Schnurz verstand es nicht.

Erst wollt er Gedichte haben,
Zeigte sich danach empört,
Fühlte durch die guten Gaben
Sich noch obendrein gestört.

Ein Verbot soll man aussprechen,
Fordert Schnurz im Strafantrag,
Weil die Verse mit dem frechen
Inhalt er so gar nicht mag.

Wahrheit liegt ihm nicht am Herzen,
Er weiß, sie bekommt ihm schlecht,
Sie umgehen, auszumerzen,
Das versteht er unter Recht.

Recht muß sich auf Wahrheit gründen,
Denn was sonst geschehen kann,
Zeigen die vergangnen Sünden,
Sollte wissen jedermann.

»Die vorgeschobene Empörung
des Schuldners ist insofern
objektiv nicht nachvollziehbar, sondern nur
Ausdruck
seiner uneinsichtigen Persönlichkeit.«

Die Geistesgröße

Fragt man, was von Schnurz wir halten,
Nun, er scheint im Geist gespalten;
So wärs besser, wenn er denkt,
Daß er sich auf das beschränkt,

Was er lernte, nicht mit Witzen
Und mißglückten Geistesblitzen *
Sich begibt aufs glatte Eis,
Dabei zeigt, was er nicht weiß.

Doch der Schnurz, die Geistesgröße,
Gibt erneut sich eine Blöße;
Schauen wir uns einmal an,
Was er dieses Mal ersann:

Die Empörung, siehe oben,
Schrieb er, wär nur vorgeschoben,
Aber nicht genug soweit,
Ausdruck der Persönlichkeit.

Wenn sie vorgeschoben wäre,
Trifft die Folgerung ins Leere;
Was sich gar nicht erst stellt ein,
Soll Ausdruck von etwas sein?

Schnurz, man kann ihm nur empfehlen,
Sich mit Denken nicht zu quälen,
Weil mit dem, was er so denkt,
Er die ganze Innung kränkt.

* Sh. Kapitel I »Des Advokaten Geistesblitz«

Vom Schnurz zum Furz

Als der König, wie bekannt,
Wurd von mir noch Bock genannt,
Richter auf den Trichter kamen,
Ich müßt ändern diesen Namen,

War es damit nicht genug,
Schnurz sprang auf denselben Zug,
Um die Stimme zu erheben
Und den Richtern recht zu geben.

In dem weiteren Verlauf
Warte ich bereits darauf,
Daß die Herren noch erkennen,
Schnurz wär gleichfalls umzunennen.

Da bin ich voraus der Zeit,
Halt den Namen schon bereit,
Dieser sollt, ich wills kurz fassen,
Auch zu Alfred Kack gut passen.

Mache aus dem feinen Schnurz,
Trifft den Punkt, jetzt einen Furz;
Alfred kann, ums Recht zu wenden,
Dafür seinen Furz dann senden.

»Natürlich hat der Schuldner keinen Anspruch
auf Überprüfung seiner Gedichte durch das
Gericht«

Furz schließt kurz

Unser Furz, alias Schnurz,
Faßte seine Ansicht kurz:
»Einen Anspruch gäb es nicht
Gegenüber dem Gericht,

Jedenfalls aus seiner Sicht,
Daß es prüfe ein Gedicht,
Wenn es dieser Schuldner schreibt,
Der sich an dem König reibt.«

Da fragt sich, warum denn nur,
Ist der gute Furz so stur?
Ein Gedicht fiel ihm wohl ein,
Könnt vielleicht der Schlüssel sein,

Der die Wahrheit bringt ans Licht
Und sein Lügenwerk zerbricht;
Doch den Richtern steht der Sinn
Nicht nach geistgem Zugewinn,

Wenn er, und das nimmt man an,
König Alfred schaden kann,
Und die Ansicht von dem Furz
Greift auch ohnehin zu kurz.

»Nicht ganz fernliegend ist, daß das zuständige
Vormundschaftsgericht im vorliegenden Fall bei entsprechendem
Kenntnisstand ein Betreuungsverfahren gegen den Beklagten
einleiten würde« gezeichnet Furz

Das verfurzte Recht

Es ist wirklich interessant,
Was des Königs Furz befand:
Ich sollt einen Vormund kriegen,
Schien für ihn nicht fernzuliegen,

Wenn ein Richter mit Verstand
Hätt den rechten Kenntnisstand,
Ließe er mich wohl betreuen,
Um den König zu erfreuen.

Das war doch ein guter Rat,
Muß man sagen, in der Tat,
Weshalb nur, kaum zu verstehen,
Hat's der Richter nicht gesehen,

Der, wenn Furz für Alfred stritt,
Folgte sonst auf Schritt und Tritt;
Dies zeigt, man kann doch noch lernen,
Denn der Grund steht in den Sternen.

Wer nun wird bei Furz Mandant?
Bei dem rechten Kenntnisstand,
Dürft man, schon des Rechtes wegen,
Bei ihm keinen Platz belegen.

Furz sieht kurz

Furz kommt jetzt mit leisen Tönen,
Daran muß ich mich gewöhnen,
Was bezweckt der Furz denn bloß,
Was ist mit dem Guten los?

Noch vor ungefähr zwei Jahren
War ganz anders sein Gebaren,
Damals schrieb er hocherfreut,
Nur ein Arzt, ein Therapeut

Könnt mir helfen, mich bewahren
Vor den drohenden Gefahren,
Denn mein armer Rechtsanwalt,
Diese klägliche Gestalt,

Wäre, das ständ außer Frage,
Dazu niemals in der Lage;
Und was schreibt der Furz nun heut,
So als ob er das bereut,

Meinem Anwalt sollt's gelingen,
Mich noch zur Vernunft zu bringen;
Dies zeigt uns, die Sicht vom Furz
War schon damals reichlich kurz.

Furz im Vermeintlichen

Alfreds Furz muß noch viel lernen,
Er schwebt zwischen Alfreds Sternen,
Fährt, vermeintlich klug, von dort
Etwa so wie früher fort,

Daß ein Unrecht, das gesehen,
Wär vermeintlich nur geschehen,
Scheint für ihn vermeintlich klar,
Da er es ja selber war,

Der vermeintlich gut beraten,
Trieb den Alfred zu den Taten,
Die vermeintlich, im Vertraun,
Niemand würde sonst durchschaun.

Jetzt geht's nur vermeintlich weiter
Für den Furz so froh und heiter,
Weil vermeintlich nur vergißt,
Alfred, was von Schaden ist.

Er wird nur vermeintlich siegen,
Namlich seine Strafe kriegen,
Es ist nur vermeintlich gut,
Was der liebe Alfred tut.

RECHTSANWÄLTE
HOGE · ROLLINGER · SCHULZ
ZERTIFIZIERTES QUALITÄTSMANAGEMENT NACH DIN EN ISO 9001, 8.94

Scheurer zum Abschluss

Hallo Herr Scheurer,
(„sehr geehrter Herr ..." wäre weder angemessen noch wahrheitsgemäß)

in erster Linie freue ich mich für den Kollegen Böhme, der als Anwalt ja kaum in der Lage war, Ihnen zu helfen; denn Sie brauchen sicherlich einen Therapeuten, der sich sorgfältig um Sie kümmert. Er könnte dann vielleicht auch Ihre merkwürdige Neigung für gebrauchte Handtücher analysieren und das, womit Sie sonst auch noch im Elysee aufgefallen sind, aber natürlich nur, wenn Sie erkannt haben, dass Sie Hilfe brauchen.

Wie dümmlich-eitel Sie wirken, mögen Sie daran erkennen, dass Sie Herrn Böhme geschrieben haben, Sie hätten meinen letzten Brief an Sie als den Versuch empfunden, mich profilieren zu wollen, und das ausgerechnet mit einem solchen Würstchen, Herr Scheurer.

Rufen Sie doch einmal Verona Feldbusch an, die sagt doch immer „Hier werden Sie geholfen".

In diesem Sinne,

Schulz
(Rechtsanwalt)

Hier werden Sie geholfen

Weiß des Königs Furz nicht weiter,
Sinkt noch lange nicht sein Mut,
Nein, er wird sogar noch heiter,
Der Gedanke tut ihm gut.

An Frau Feldbusch muß er denken
Die, er glaubt ganz fest daran,
Wird bestimmt ihr Ohr ihm schenken,
Und ihm sicher helfen kann.

Er braucht nur die Nummer wählen,
Die im Fernsehn sie gab kund,
Sein Problem ihr dann erzählen,
Dem sie gleich geht auf den Grund.

Neulich wollt er sie befragen,
Rief sie an, hier ist Ihr Furz,
Mir liegt etwas auf dem Magen,
Ihre Antwort war sehr kurz:

Sehn Sie zu, daß sie verduften,
Das ist, was ich raten kann,
Früh bis spät bin ich am Schuften,
Machen Sie mich nicht mehr an!

K. & F.

K. und F.

K. und F., vernehmlich kurz,
Stehn für Kack und für den Furz;
Somit lassen sich die beiden
Auch im kurzen unterscheiden.

K. und F. für diese Gilde,
Klingt zudem vergleichbar milde,
Was sie, nun ich gönn es ihnen,
Vom Prinzip her nicht verdienen.

Doch es läßt sich hier vermuten,
Daß die Milde führt zum Guten,
Denn wir wollen nicht verhehlen,
Wie sich manche Leser quälen,

Mit den adäquaten Namen,
Die die Herrn zu Recht bekamen,
Aber leider, wie wir hören,
Das Empfinden würden stören.

Um die Leser nicht zu kränken,
Wolln wir uns daher beschränken
Und verständlich nun für jeden
Meist von K. und F. nur reden.

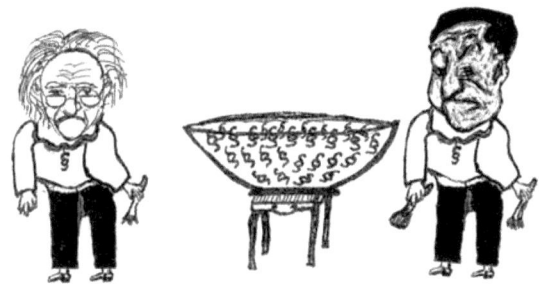

Vermeintliches Unrecht

Wenn Verletzung meiner Ehre
Nur vermeintlich Unrecht wäre,
Wäre die Verleumdung Recht;
Für den Paragraphenknecht

König Alfreds keine Frage,
In vermeintlich guter Lage
Kann er handeln wie er will,
Denn die Richter halten still;

Schaun weg, lassen ihn gewähren,
Einem Rechtsstaat nicht zu Ehren,
Als verlogne Witzfigur
Bundesdeutscher Rechtskultur.

Die Verleumdung nicht erkennen,
Heißt, daß unsre Richter pennen
Oder, man kann's auch so sehn,
In des Königs Diensten stehn,

Denn wir wollen doch nicht hoffen,
Daß von Dummheit sie betroffen,
Nicht vermeintlich, nein genug
Wurd bewiesen Lug und Trug.

Pillen gegen freien Willen

K. und seine Advokaten
Hatten wieder sich beraten,
Thema: Die Entmündigung,
Hielt die Herren noch in Schwung.

Damals in vergangnen Jahren
War man damit gut gefahren,
Sie war als ein Instrument
Doch so einfach und patent,

Um den, man sprach von Bazillen,
Schnell zu nehmen ihren Willen;
Heute nun ging das Gericht
Nicht konform mit dieser Sicht.

Deshalb mußte man neu denken,
Um den Willen zu beschränken,
Und die Lösung, die man fand,
War aufs höchste interessant.

Ja, am besten wären Pillen
Gegen jeden freien Willen;
Darauf freuten alle sich
In der Tat ganz königlich.

Um die Pillen herzustellen
Dafür hat K. seine Quellen,
Die Verteilung, auch ganz klar,
Nimmt sein Anwaltsduo wahr.

Der große Sack

Der Schuldner hat 'nen großen Sack,
Dacht sich der Anwalt von Herrn Kack,
Weshalb er nicht mehr ruhig schlief
Und sofort nach den Richtern rief.

Greift ihm in seinen Sack hinein
Riet er den Richtern nicht sehr fein,
Er stellt dann wohl das Schreiben ein,
Schreibt keinesfalls mehr so gemein.

Doch was ist groß und was ist klein?
Der Anwalt ging darauf nicht ein,
So liegt er vielleicht völlig schief,
Denn Größe, sie ist relativ.

Gemessen an dem von Herrn Kack
Ist sicher zierlich nur mein Sack,
Und seinen Sack den zeigt er nicht
Der Anwalt mir noch dem Gericht.

Die Frage, ob mein Sack wär groß,
Scheint mir deshalb rhetorisch bloß,
Zeigte der Anwalt mehr Geschmack,
Hätt er genug am eignen Sack.

Die armen Schweine

Ja, ich hab es noch im Ohr,
Meine Grenzen beim Humor, 1)
Warn des Königs Advokaten
Plötzlich in den Blick geraten.

Auch meine Persönlichkeit,
Noch verkannt zu dieser Zeit, 2)
Wär für sie, so konnt man lesen,
Äußerst interessant gewesen.

Und sie freuten sich so sehr
Auf den weitren Schriftverkehr;
Ging' verlorn eins meiner Schreiben
Würden sie untröstlich bleiben. 3)

Da nun taten sie mir leid,
Ich beschwor mich, sei bereit,
Denk an diese armen Schweine,
Leiste fortan nun das Deine;

Hab mit Versen sie bedacht,
Über die manch einer lacht,
Auch mit ernsteren Gedichten
Suchte ich sie aufzurichten.

Und bis zu dem heutgen Tag
Scheut' ich Mühe nicht und Plag,
Schreibe, um sie zu erheitern,
Ihr Bewußtsein zu erweitern.

Dafür blieb nun jeder Dank
Leider aber aus bislang,
Doch ich werd mich drum nicht grämen.
Laß' mir den Humor nicht nehmen.

1)-3) Sh. Kapitel I,
Vorgeschichte, Seite 28 u. 29

F. und Ziemlich

F. war ziemlich außer sich,
Diesen Fall mit Haken, Ösen,
Hier ließ ihn sein Glück im Stich,
Konnte er allein nicht lösen.

Nun, der wog auch ziemlich schwer,
F. begann zu überlegen,
Ob das nichts für Ziemlich wär,
Ziemlich, seinen Rechtskollegen.

Ziemlich war sogleich bereit,
Wollt mit F. den Sieg erstreiten,
Für ihn eine Kleinigkeit,
Ihn, den überaus Gescheiten.

Und so dachte Ziemlich nach,
Doch es zeigte sich, im Denken
War er gleichfalls ziemlich schwach,
Eigentlich konnt er sich's schenken.

Was herauskam war dann auch
In der Tat ziemlich bescheiden,
Geistge Größe, nicht ein Hauch,
Alfred lag nun schief mit beiden.

Der blockierte Advokat

F., des Königs Anwalt, ziert
Nicht die Zunft der Advokaten;
Er ist gradezu blockiert
Und ins Abseits so geraten.

Als er für den König stritt,
Eigentlich ist das recht schade,
Machte sein Verstand nicht mit,
Es erfolgte die Blockade.

Im Gehirn, er wollt zu viel,
Sich an großen Geistern messen,
Glänzen wollt er, groß im Stil,
Kläglich aber war stattdessen,

Was herauskam in der Tat,
Das, was er zusammenschmierte,
Wenig geistreich, dumm und fad,
Denn sein Denken es blockierte.

So wurd er zum armen Tropf,
Gleichwohl aber immer frecher,
Bei dem Brett vor seinem Kopf
Hilft nur ein Blockadebrecher.

König Eugen und der heilige Geist

König Eugen, welch ein Wunder,
Überkam der heil'ge Geist
Weit ab von den Tugendpfaden,
Die das Evangelium weist.
Heißt es dort, nicht rausposaunen [1]
Wenn Du Gutes führst im Sinn,
Soll bei ihm die Welt drum staunen
Und der Himmelslohn ist hin.[1]
Heißt es dort, nicht zu verärgern
Den Geringsten Deines Herrn,[2]
König Eugen lässt verleumden,
Einsicht, Reue sind ihm fern.
König Eugen sollte wissen,
Was das Jenseits hält bereit,
Heulen und auch Zähneklappern[3]
Für die Ungerechtigkeit.
König Eugen ist so sicher,
Ihm steht zu der heil'ge Schein,
Doch wohl leichter gehn Kamele
In ein Nadelöhr hinein.[4]

---

1 Evangelium des Matthäus, Kap. 6, Vers 2
2 Evangelium des Matthäus, Kap. 18, Vers 6
3 Evangelium des Matthäus, Kap. 13, Vers 42
4 Evangelium des Matthäus, Kap. 19, Vers 24

Erweckungslied für Eugen

Eugen erwache! Eugen erwache!
Groß ist der Herr im Zorn, in der Rache;
Es reicht nicht aus, am Sonntag zu beten,
Um montags seinen Mitmensch zu treten.
Eugen erwache! Eugen erwache!
Der Ungeist herrscht unter Deinem Dache;
Es nützt Dir nichts, einfach wegzusehen,
Du musst dafür doch einst gradestehen.
Eugen halt ein! Eugen halt ein!
Der Herr liebt es nicht, das Scheinheiligsein;
Dein Gast hilft Dir, den Reichtum zu mehren,
Du sollst ihn achten, solltest ihn ehren.
Eugen halt ein! Eugen halt ein! Sprach doch der Herr, die Vergeltung ist mein,
Sonst wirst auch Du schon recht bald bezahlen,
Im Fegefeuer mit Leid und Qualen.

Freitod für Eugen Block und Georg Schulz

Vielleicht kann man sich einig werden,
Wenn mein Dasein hier auf Erden,
Bereitet so viel Unbehagen,
Möcht ich ein Geschäft vorschlagen.

Ich würd Eugen Block, dem frommen,
Sowie Schulz entgegenkommen
Und im Grand-Hotel von Eugen
Mich dem Wunsch der beiden beugen.

Mir dort selbst das Leben nehmen,
Wenn Herrn von der Presse kämen,
Nach dem Tod die Leiche sichten,
Um darüber zu berichten.

Eugen müßte dann noch zeigen,
Daß der heilge Geist ihm eigen,
Den die Presse, wie berichtet,
Hat in seinem Tun gesichtet.

Wenn die Flüchtlinge wir sehen,
Könnte das wie folgt geschehen:
Das Grand-Hotel wird ihr Zuhaus,
Und meinen Sarg trägt man hinaus.

Das Kack-Phantom

Georg Schulz, ein Rechtskondom,
Wird demnächst ein Opernstar
Und berühmt als Kack-Phantom
Neben Eugen Block als Zar.

Die für Recht und Ordnung stehn,
Können es kaum noch erwarten,
Schulz als Kack-Phantom zu sehn,
Fiebern nach den Eintrittskarten.

Schulz, der Rechtsverhütungsgnom
Wird bald Hamburgs Opernheld
Und verströmt als Kack-Phantom
Seinen Duft in alle Welt.